상경 계열 비서

관세사

적성과 진로를 짚어 주는
직업 교과서 24

비서 & 관세사

1판 1쇄 발행 | 2013. 7. 26.
1판 6쇄 발행 | 2020. 10. 12.

와이즈멘토 글 | 황은혜 그림

발행처 김영사 | **발행인** 고세규
등록번호 제 406-2003-036호 | **등록일자** 1979. 5. 17.
주소 경기도 파주시 문발로 197(우-10881)
전화 마케팅부 031-955-3100 | **편집부** 031-955-3113~20 | **팩스** 031-955-3111

ⓒ 2013, 와이즈멘토

값은 표지에 있습니다.
ISBN 978-89-349-5995-3 74080
ISBN 978-89-349-5971-7 (세트)

좋은 독자가 좋은 책을 만듭니다. 김영사는 독자 여러분의 의견에 항상 귀 기울이고 있습니다.
전자우편 book@gimmyoung.com | 홈페이지 www.gimmyoungjr.com

어린이제품 안전특별법에 의한 표시사항

제품명 도서 제조년월일 2020년 10월 12일 제조사명 김영사 주소 10881 경기도 파주시 문발로 197
전화번호 031-955-3100 제조국명 대한민국 ⚠주의 책 모서리에 찍히거나 책장에 베이지 않게 조심하세요.

적성과 진로를 짚어 주는
직업 교과서 24

비서
관세사

와이즈멘토 글 | 황은혜 그림

주니어김영사

Contents

- 머리말_진로성숙도를 높여라!…10
- 진로 교육의 목표 & 이 책의 구성과 활용법…12

비서

Step 1 비서 이야기…18

Step 2 역사 속 직업 이야기…20

Step 3 비서는 어떤 사람일까?…22
★돌발퀴즈…23

Step 4 비서는 무슨 일을 할까?…24
★돌발퀴즈…26
★전문 비서의 분류…28
직업 일기_비서의 하루…30

Step 5 비서의 좋은 점 vs 힘든 점…32
★돌발퀴즈…33

Step 6 비서는 어떤 능력이 필요할까?…34
★돌발퀴즈…35

Step 7 비서가 되기 위한 과정은?…36
★돌발퀴즈…37
직업 사전, 적합도 평가…38

Step 8 교사와 학부모를 위한 가이드
적성&진로 지도…40
직업 체험 활동…42

관세사

Step 1	관세사 이야기…46	
Step 2	역사 속 직업 이야기…48	
Step 3	관세사는 어떤 사람일까?…50 ★돌발퀴즈…51	
Step 4	관세사는 무슨 일을 할까?…52 ★돌발퀴즈…56 ★나라의 경제를 살리기 위한 세금, 관세…57 직업 일기_관세사의 하루…58	
Step 5	관세사의 좋은 점 vs 힘든 점…60 ★돌발퀴즈…61	
Step 6	관세사는 어떤 능력이 필요할까?…62 ★돌발퀴즈…63	
Step 7	관세사가 되기 위한 과정은?…64 ★돌발퀴즈…65 직업 사전, 적합도 평가…66	
Step 8	교사와 학부모를 위한 가이드 적성＆진로 지도…68 직업 체험 활동…70 •돌발퀴즈 정답…72	

머리말

진로성숙도를 높여라!

　진로 교육에서 가장 중요한 개념 중 하나가 '진로성숙도'입니다. 자신의 적성을 찾고, 그 적성이 잘 드러나는 직업 분야에 도달하는 과정을 설계하기 위해 필요한 요소들을 잘 알고 있는 정도를 '진로성숙도'라고 합니다.

　예를 들어 볼까요?

　초등학생인 A학생에게 꿈을 물어봤더니 '과학자'라고 답을 합니다. 중학생이 된 A학생에게 다시 꿈을 물었더니 이번에도 '과학자'라고 합니다. 고등학교로 진학한 A학생에게 꿈이 뭐냐고 물으니 여전히 '과학자'라고 답을 합니다. 이런 A학생은 일관된 꿈을 가지고 있다고 말은 하지만 사실은 진로성숙도가 높아지지 않는 상태입니다.

　그렇다면 어떤 것이 진로성숙도가 높은 것일까요?

　B학생에게 물어봤습니다. 초등학교 때 '과학자'라고 답을 합니다. 중학교 때는 '과학자가 되고 싶은데 핵물리학자'가 꿈이라고 이야기를 합니다. 고등학교 때는 '핵물리학자가 되어서 미국 NASA와 같은 곳에서 연구를 하고 싶다'라고 말을 합니다. 이렇게 점점 시간이 지날수록 꿈을 구체화하는 능력이 바로 진로성숙도입니다.

　많은 대학생이 명문 대학을 다니면서도 뭘 해야 될지 모르겠다고 합니다. 이렇게 방황하는 이유는 대부분의 학생들이 학습 능력은 키워 왔지만 진로성숙도는 키워 오지 않았기 때문입니다. 학부모나 교사들이 공부만을 강조했던 것이 아이의 행복에 오히려 독이 된 셈이지요.

　진로성숙도를 높이려면 다양한 직업에 대해서 알아보고, 각 직업에 대하여 나이에 맞게 조금 더 깊이 탐색해 보는 활동이 필요합니다. 그 활동을 가장 적합하게 도와주는 것이 바로 〈적성과 진로를 짚어 주는 직업 교과서〉 시리즈입니다. 이 시리즈가 우리 아이들이 보다 넓고 깊은 지식을 얻어 행복을 설계하는 능력을 갖추는 데 도움이 되기를 바랍니다.

와이즈멘토 대표이사

조진표

진로 교육의 목표 & 이 책의 구성과 활용법

교육 과정에서 진로 교육의 목표는 '긍정적인 자아 개념을 형성하고 진로 탐색과 계획 및 준비를 위한 기초 소양을 기르는 단계'입니다. 즉, 현명한 진로 선택을 위해 자신감을 가지고 다양한 직업을 알아보며 꿈을 키워 가는 시기라는 말이지요. 무한한 가능성이 있는 시기이므로 많은 직업을 탐색하면서 좀 더 구체적으로 '나의 꿈, 나의 목표 직업'이 무엇인지 생각해 보는 것이 중요합니다.

교육부에서는 관심 있는 직업을 열 가지 이상 고르고 다양한 방법으로 정보를 수집해서 하는 일, 되는 방법 등 구체적인 정보가 담긴 직업 사전을 만들어 볼 것을 권장하고 있습니다.

더불어 꿈을 실현하기 위해 도움이 되는 과목이 무엇인지 알아보고, 체계적인 학습 계획을 세우고 공부 습관을 길러 나가는 것도 중요합니다.

초등~중학교에서 성취해야 할 진로 교육의 목표는 다음과 같습니다.

(교육부)

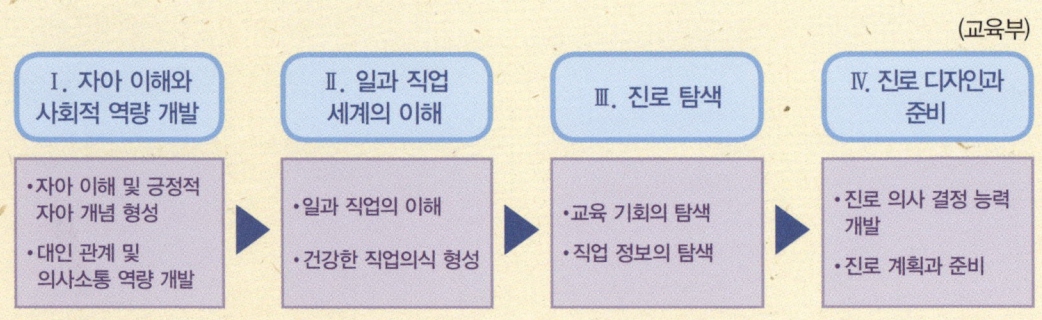

〈적성과 진로를 짚어 주는 직업 교과서〉는 진로 교육 목표에 맞춰, 초등학교와 중학교 과정에서 알아야 할 직업 정보를 직업 소개와 활동을 통해 자기 주도적으로 탐색할 수 있도록 구성했습니다.

❶ 진로 정보 탐색을 위한 본문 구성

Step 1·2 이야기	직업에 대한 호기심을 가질 수 있도록 한다.
Step 3 어떤 사람일까?	직업의 정의에 대해 알 수 있다.
Step 4 무슨 일을 할까?	직업이 갖는 다양한 역할에 대해 알 수 있다.
Step 5 좋은 점 vs 힘든 점	직업의 좋은 점과 힘든 점에 대해 알 수 있다.
Step 6 어떤 능력이 필요할까?	직업을 갖기 위해 필요한 능력들에 대해 알 수 있다.
Step 7 되기 위한 과정은?	중·고등학교, 대학교 과정 등 최종 목표 직업에 도달하기 위한 경로를 알 수 있다.

❷ 진로 디자인과 준비를 위한 본문 구성

Step 7 직업 사전	도서를 통해 탐색한 진로 정보를 바탕으로, 직업 사전을 구성할 수 있다.
Step 7 적합도 평가	직업에 대한 이해를 바탕으로 나에게 적합한 직업인지를 평가해서, 의사 결정을 내릴 수 있다.

❸ 학부모와 교사를 위한 본문 구성

Step 8 교사와 학부모를 위한 가이드 적성&진로 지도	해당 직업을 갖기 위해 도움이 되는 관련 교과목, 교과 외 활동을 소개하여 학습과 활동 설계에 도움을 받을 수 있다.
Step 8 직업 체험 활동	직업 체험 활동에 대한 정보를 얻을 수 있다.

〈적성과 진로를 짚어 주는 직업 교과서〉에는 다양한 활동이 들어 있습니다. 다음과 같이 활용해 보세요.

★직업 사전
이 직업이 나와 잘 맞는지 판단하기 위해서는 먼저 직업에 대해 충분히 이해하는 것이 중요합니다. 열심히 책을 읽고 난 후, 직업 사전의 빈칸을 채워 보면서, 자신이 직업에 대해 잘 이해했는지 점검해 보세요.

★직업 적합도 평가
직업에 대해 이해했다면 그 직업이 자신과 잘 맞는지 아닌지를 판단해야 합니다. 나와 직업이 얼마나 잘 맞는지 점검해 볼 수 있는 적합도 평가가 있습니다. 직업 사전의 항목을 꼼꼼하게 읽어 본 뒤에 자신과 잘 맞는지 아닌지 정도에 따라 별을 색칠해 보세요. 별의 개수로 점수를 매기고, 평가 기준표를 통해 자신과 직업의 적합도를 확인해 보세요.

★Tip
Tip은 본문의 내용을 잘 이해할 수 있도록 도와주는 역할을 합니다. 이해하기 어려운 단어를 쉽게 설명해 주기도 하고, 직업을 이해하는 데 같이 알아 두면 좋은 정보들이 들어 있습니다. Tip의 내용은 공부할 때 도움이 되는 배경지식이므로 그냥 넘어가지 말고, 꼼꼼하게 읽어 보세요.

★돌발퀴즈
책을 그냥 쭉 읽고, 나중에 직업 사전의 빈칸을 채우려면 어렵겠죠? 그래서 본문 중간중간에 중요한 내용들을 확인해 주는 돌발퀴즈가 있습니다. 처음에는 문제만 보고 답을 한번 맞혀 보세요. 잘 모르겠으면 다시 본문으로 돌아가 내용을 차근차근 읽어 보세요. 돌발퀴즈의 정답은 책의 맨 뒷장에 있습니다.

★교사와 학부모를 위한 적성 & 진로 가이드

　교사와 학부모가 진로 지도를 할 때, 꼭 알아 두어야 하는 내용입니다. 아이들이 직업에 관심을 보일 때 어떻게 직업을 이해하도록 해야 하는지, 직업에 대해 아이들이 제대로 이해하고, 준비하기 위해서는 어떤 활동을 해야 하는지가 상세히 설명되어 있습니다.

　더불어 학습 설계의 중점 과목을 통해 앞으로 어떤 과목을 중점적으로 공부해야 할지 확인하고, 학교에서 어떤 활동을 하도록 지도하면 좋은지 확인해 보세요. 아이와 함께하는 직업 체험 활동에서는 주말이나 방학을 이용해 할 수 있는 직업 체험 활동들을 자세히 소개하고 있습니다. 꼭 활용해 보세요.

　자, 지금까지 진로 교육의 목표를 확인하고 책이 어떻게 구성되어 있고 어떻게 활용하는지 살펴보면서 직업 탐색을 위한 준비를 마쳤습니다. 그럼 본격적으로 직업 탐색을 위한 여행을 떠나 볼까요?

상경 계열

비서

Step 1

비서 이야기

정신없이 바쁘게 살아가는 최고 경영자 뒤에는 누가 있을까요? 바로 그들의 손발이 되어 주는 비서가 있습니다. 비서는 기업의 핵심 인물들이 원활하게 업무를 볼 수 있도록 모든 일을 적극 지원하지요. 회사 운영이 점점 복잡해짐에 따라 비서의 역할도 전문적이며 다양해지고 있답니다. 많은 직업 현장에서 상사들이 일을 잘할 수 있게 힘을 실어 주는 사람, 비서를 만나 볼까요?

대통령에게 업무를
지시받는 비서진

상사에게 차를
내어 주는 비서

Step 2

역사 속 직업 이야기

상사를 지원하는 사람, 비서

사전에서 비서를 찾아보면 일부 중요한 윗사람에게 직접 소속되어 있으면서 비밀문서나 사무를 맡아보는 사람이라고 나와 있습니다. 상사의 업무를 지원하는 일을 수행하는 사람을 가리키는 말이지요.

서양에서 비서는 지방 부유층의 서기로 일하면서 글을 읽을 줄 모르는 이웃 사람들에게 편지를 대신 써 주곤 하던 지식층에서 유래했습니다. 15세기 영국에서는 비서가 왕의 문서를 처리하는 사람을 의미했으나 그 후 지위가 높은 공직자나 정부에 소속된 개인을 보좌하는 사람도 비서라고 불렀지요. 특히 왕의 일을 맡아보는 비서는 국가 비서라고 했는데, 실제로 미국에서는 국무부 장관을 국가 비서와 같은 말로 부릅니다.

서양에서는 산업 혁명 이후에 비서의 역할과 중요성이 커져서 오늘날에는 단순 사무가 아닌 조직의 중요 기밀문서를 다루며 업무의 규칙을 관리하고 있습니다.

우리나라에 비서라는 직업이 처음 등장한 것은 광복 이후입니다. 신라 시대의 비서감, 고려 시대의 승선, 조선 시대의 승지와 같은 직책이 지금의 비서에 해당했지요. 하지만 본격적으로 비서라는 직업이 생겨난 것은 광복 이후입니다. 광복 직후 정부는 미군정이 들여온 비서 제도를 효율적으로 활용하기 위해 차관보, 기획 관리실, 보좌관 등 전문성을 띤 기관을 설치했습니다. 중요한 기능을 수행하는 이런 기관들이 계기가 되어, 일반 기업에서도 비서 제도를 적극 받아들이게 되었습니다.

1970년대에 들어서면서 경제가 크게 성장했고, 국내의 외국인 투자 기관이 늘어났으며, 국내 기업도 전문성을 갖춘 비서가 필요해졌습니다. 1980년대부터는 각 조직의 경영 및 운영을 이해할 수 있고 외국어 능력, 워드 프로세서 등의 사무 기술을 갖춘 비서를 찾는 기업이 늘어났지요. 이런 분위기를 반영하듯 1968년에는 이화여자대학교에 우리나라 최초의 비서학과가 생겼습니다.

산업 혁명 : 18세기 후반부터 약 100년 동안 유럽에서 일어난 생산 기술과 그에 따른 사회 조직의 큰 변화를 말합니다. 수공업으로 했던 일들을 기계가 대신하고, 이로 인해 자본주의 경제가 확립되었습니다.
미군정 : 1945년 8월 15일 광복 직후부터 1948년 8월 15일 대한민국 정부가 정식으로 수립될 때까지 3년간 미군이 남한에서 실시한 군사 통치를 가리킵니다.

비서는 어떤 사람일까?

Step 3

비밀을 맡기는 믿음직한 사람

비서는 국가의 기밀문서를 관리하는 직책에서 비롯했습니다. 비서를 뜻하는 영어 단어인 'secretary'의 어원은 'secretarius'라는 라틴 어입니다. '비밀을 맡길 수 있는 사람'을 의미하지요.

비서라는 직업은 비밀에 관한 정보나 문서를 다룬다는 특수성이 있습니다. 경영자는 비서를 신뢰하고 비밀 사항을 맡길 수 있어야 하며, 비서 또한 업무나 조직에 관한 사항에 대해 기밀을 유지할 수 있어야 합니다. 그래서 경영자와 비서 사이에 가장 중요한 것은 서로에 대한 믿음입니다.

숨은 핵심 인재

비서는 최고 경영자, 임원진의 가장 가까이에서 일하며 그들의 생각과 의사 결정, 업무 진행 과정, 판단 방식 등을 경험할 수 있다는 장점이 있습니다. 따라서 비서는 회사의 핵심 인재라고 할 수 있습니다. "성공한 최고 경영자 뒤에는 프로인 비서가 존재한다."라는 말이 있을 정도이니 비서는 정말 기업의 숨은 인

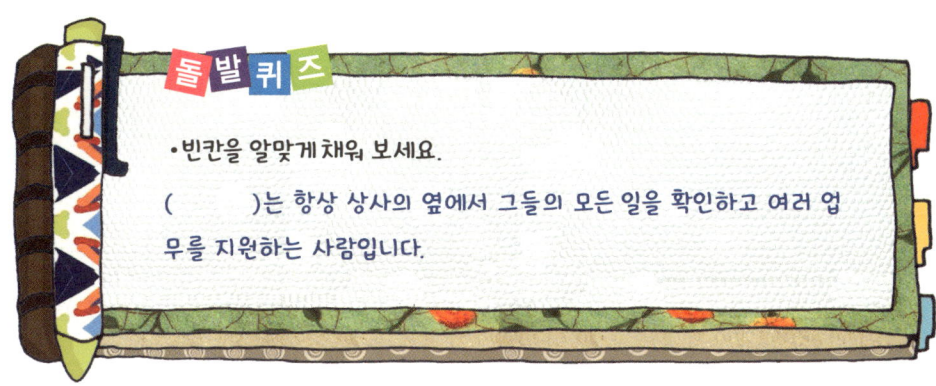

재입니다.

  비서는 항상 상사 옆에서 그들의 모든 일을 확인하고 여러 업무를 지원합니다. 상사의 일정을 관리하는 것을 기본으로 상사가 지시한 업무를 확인하고 보고합니다. 또 종종 회의에 참석해 회의록을 작성하거나 회사가 돌아가는 상황을 파악하기 위해 업무와 관련된 내용을 공부하기도 해요.

  더욱이 요즘은 비서가 기업의 핵심 업무를 많이 관리합니다. 상사의 일을 덜어 업무의 절차와 흐름을 조정하고 상사와 동료, 부하 직원 사이를 원만하게 조정합니다. 그 밖에도 상사의 일정을 관리하고 편지나 보고서의 초안을 작성하는 일, 신입 사원을 교육하는 일 등을 해요. 특히 국내에 진출해 있는 외국계 회사의 전문 비서는 직원 임용 업무를 담당하기도 합니다.

Step 4

비서는 무슨 일을 할까?

"조직에서 공기와 같은 존재가 되라."
단정한 외모와 친절한 말투로 상사가 무엇이 필요한지 먼저 파악하고 돕는 사람, 관계 회사와의 원활한 소통을 위해 노력하는 사람, 자신을 드러내지 않으면서 회사에서 꼭 필요한 존재가 되어야 하는 사람이 바로 비서입니다. 이들이 무슨 일을 하는지 들여다볼까요?

상사의 일정을 관리해요

비서는 회의 및 행사, 고객과의 만남 등 상사의 일정을 체계적으로 관리합니다. 비서가 계획을 짜고 상사에게 보고하여 최종 일정을 확정하지요. 그러고 난 뒤에도 혹시 바뀌는 일정은 없는지 자주 확인해서 전체 일정에 차질이 없도록 조정  합니다. 상사가 직접 일정을 관리하는 것이 아니기에 비서는 일정 관리에 대해 큰 책임감을 갖고 일해야 합니다.

상사에게 걸려 오는 전화를 대신 받는 것도 비서의 중요한 업무 가운데 하나입니다. 그중 어떤 전화를 직접 상사와 연결해야 할지도 잘 판단해야 합니다. 그리고 다른 부서의 사람들이 자신이 모시는 상사의 일정에 대해 묻는다면 어떤 상황에서든 척척 답할 수 있을 정도로 상사의 모든 일정을 꿰고 있어야 하고요. 그러기 위해서는 기본적인 소통 능력, 관계 회사와의 미팅에 차질이 없도록 세심하게 확인할 수 있는 꼼꼼함이 필수입니다.

상사의 업무에 필요한 자료를 제공해요

상사는 조직을 이끌어 나갈 방법과 책략을 결정합니다. 이러한 업무를 도와 처리하려면 상사의 의사 결정을 위한 정확한 정보 수집이 필요합니다. 비서는 상사의 업무에 필요한 자료를 수집, 기록하고 새롭게 들어오는 문서를 관리합니다. 또한 상사가 어떤 회의나 미팅을 한다면 거기에 필요한 자료를 수집하고 정리해서 상사가 회의 준비를 철저히 할 수 있도록 돕지요. 이렇게 미리 준비한 자료를 바탕으로 상사는 중요한 일을 결정하는 시간을 단축할 수 있습니다. 예전에는 비서 업무가 단순한 자료 정리 수준에 머물렀지만 이제는 자료 관리부터 외국 업체와 주고받는 이메일 처리 등 국외 비즈니스까지 확대되고 있습니다.

손님을 접대해요

상사의 손님이 오는 경우에는 상황에 맞춰 다과, 식사, 회의 장소 등 여러 가지 준비를 합니다. 예를 들어 차는 손님의 취향을 미리 파악해서 그에 맞는 차를 준비합니다. 이때 손님이 어떤 종류의 차를 좋아하는지 알기 위해 관계 회사의 비서에게 연락해서 도움을 받기도 합니다. 커피를 싫어하는 손님에게 커피를 대접한다면 곤란하기 때문이지요. 또한 상사와 손님이 회의 겸 식사를 할 때도 어떤 메뉴가 좋은지, 어떤 식당의 음식이 맛있는지, 대화하기에 좋은 조용한 식당은 어디인지 등을 미리 알고 있어야 합니다. 비서의 세심한 준비는 상사와 손님의 회의 분위기를 한결 부드럽게 만들어 준답니다.

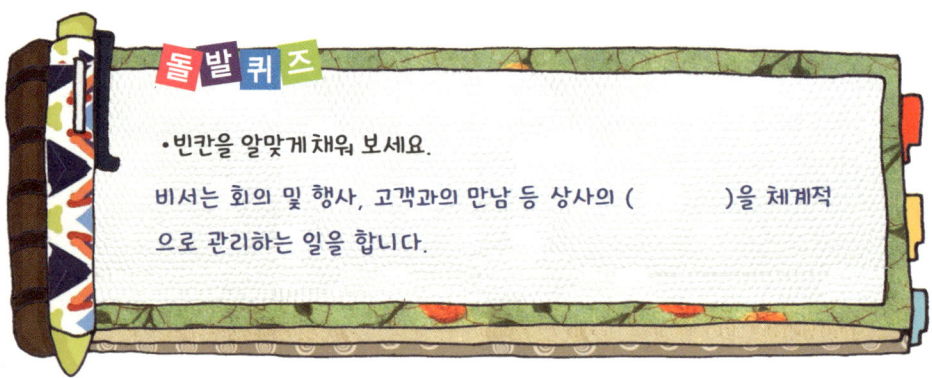

돌발퀴즈

- 빈칸을 알맞게 채워 보세요.

비서는 회의 및 행사, 고객과의 만남 등 상사의 (   )을 체계적으로 관리하는 일을 합니다.

상사의 의사소통 창구
역할을 하는 비서

손님을 회의 장소로
친절하게 안내하는 비서

" 전문 비서의 분류 "

전문 비서는 정치, 경제, 외교 등 각 분야에서 용어나 관련 절차에 대한 전문 지식과 사무 능력을 바탕으로 상사를 돕는 비서입니다. 소속 기관의 형태에 따라 정치가의 비서, 기업 비서, 법률 비서, 의료 비서, 회계 비서, 교육 연구 비서, 외국 대사관 비서 등으로 나뉩니다. 이들은 상사가 회의에 참석할 때 함께 자리하여 회의록을 작성하거나 필요한 자료를 정리하여 간단히 보고하는 일도 하지요. 특히 외국 기업이 우리나라에 진출하는 경우가 늘어나면서 외국어 능력, 국제 사무 관리에 필요한 경영 지식, 정보 기술 활용 능력, 실무 능력 등을 갖춘 전문 비서의 역할이 중요해지고 있습니다.

전문 비서는 국내외의 일반 기업이나 정부 기관, 금융권, 언론계 등 넓은 분야로 진출 할 수 있으며, 최근 많은 나라가 국제회의를 개최하는 데에 큰 관심을 두면서 국제회의 전문 비서의 전망도 상당히 밝습니다.

정치가의 비서

대통령, 국회 의원, 지방 의회 의원 등 정치가의 활동을 보좌하는 업무를 담당합니다. 여러 가지 정치 활동에 필요한 자료를 정리하고 법안 내용을 연구하거나, 전 국민이 관심을 두는 문제와 유권자의 정보를 관리하며 연설문을 작성하기도 해요. 그 밖에도 뛰어난 기획 능력과 정보 수집 능력을 갖춰야 하며 문서 작성이나 속기 등을 익혀 두면 도움이 됩니다.

법률 비서

대형 법률 회사나 개인 법률 사무소에 소속되어 법률 관련 문서를 처리하고 소송 문의 및 의뢰인의 문의를 받습니다. 특히 최근에 다국적 기업이 한국에 많이 진출하면서 이러한 기업들을 위한 법률 사무소가 늘고 있고, 자연히 영어, 중국어, 일본어 등 여러 외국어를 할 줄 아는 비서를 선호하고 있어요.

의료 비서
종합 병원이나 의료 관련 연구소 등에 전문 경영인을 보좌하는 비서로 의학 용어나 보험 용어, 규정 등을 잘 알아야 합니다. 국내에서도 전문 경영인이 병원을 관리하는 경우가 늘고 있으므로 이 분야의 비서도 전문화되고 있습니다.

회계 비서
개인 또는 합동 회계사 사무실에서 근무하는 비서입니다. 회계학 지식과 컴퓨터를 활용한 업무 처리 능력 등이 필요하지요. 기업의 국제화 추세와 외국 기업의 국내 진출로 인해 회계 보고서를 영문으로 작성하는 경우가 늘고 있으므로 회계학 용어와 개념을 영어로 익혀 둘 필요가 있습니다.

종교 비서
종교 지도자의 대외 활동을 보좌하는 비서입니다. 이들은 종교 단체의 행정적, 금전적인 업무 등을 처리합니다. 종교 비서는 여러 가지 비서의 능력 가운데 특히 원만한 인간관계를 이끌어 가는 능력이 필요하답니다.

상사의 업무를 보좌하는 일반 비서

직업 일기
비서의 하루

　나는 외국계 금융 회사에서 상무님을 모시는 비서다. 상무님이 업무에 집중할 수 있도록 여러 가지를 돕는 것이 나의 임무다. 처음 이 일을 시작한 지 얼마 안 되었을 때 저지른 실수를 생각하면 지금도 얼굴이 화끈거린다.
　토요일이어서 늦잠을 자는데 전화벨이 울렸다.
　"여기는 ○○연수원인데요. 9시부터 강연 시작인데 상무님은 언제 도착하시나요?"
　"상무님의 강연 시간은 저녁 9시인데요."
　"네? 저녁 9시가 아니라 아침 9시인데요?"
　그 순간 머릿속이 하얘졌다. 그날따라 유난히 여러 곳에서 전화가 와 정신이 없던 나는 연수원에서 의뢰한 강연 요청을 오전 9시인지, 저녁 9시인지 정확히 묻지 않고 당연히 저녁 9시라 생각하여 일정표에 적어 두었던 것이다. 종종 퇴근을 한 직장인을 상대로 저녁 시간대에 강연 요청이 들어올 때도 있어서 그날도 별생각 없이 저녁 9시로 여겼던 게 문제였다.

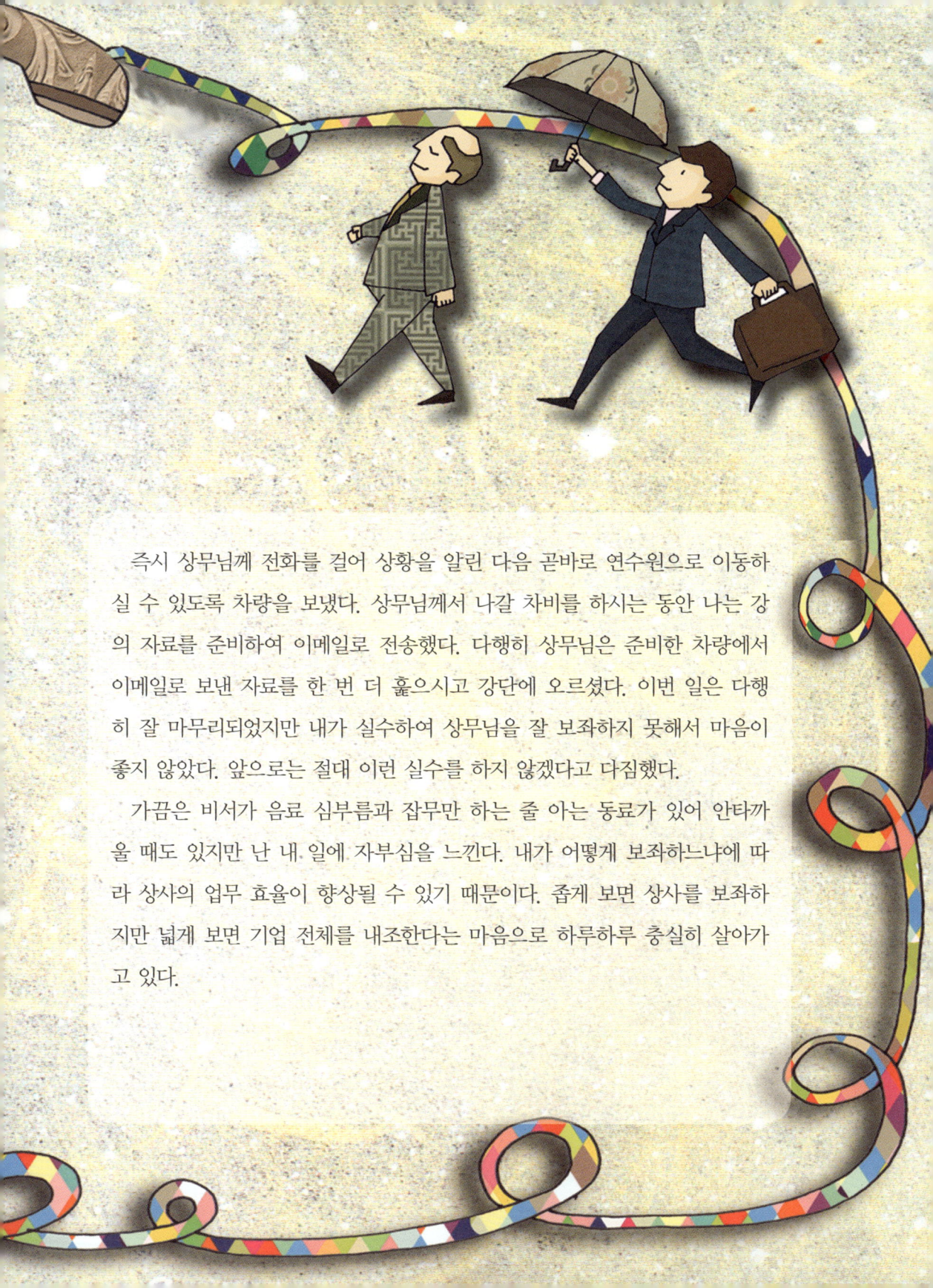

　즉시 상무님께 전화를 걸어 상황을 알린 다음 곧바로 연수원으로 이동하실 수 있도록 차량을 보냈다. 상무님께서 나갈 차비를 하시는 동안 나는 강의 자료를 준비하여 이메일로 전송했다. 다행히 상무님은 준비한 차량에서 이메일로 보낸 자료를 한 번 더 훑으시고 강단에 오르셨다. 이번 일은 다행히 잘 마무리되었지만 내가 실수하여 상무님을 잘 보좌하지 못해서 마음이 좋지 않았다. 앞으로는 절대 이런 실수를 하지 않겠다고 다짐했다.
　가끔은 비서가 음료 심부름과 잡무만 하는 줄 아는 동료가 있어 안타까울 때도 있지만 난 내 일에 자부심을 느낀다. 내가 어떻게 보좌하느냐에 따라 상사의 업무 효율이 향상될 수 있기 때문이다. 좁게 보면 상사를 보좌하지만 넓게 보면 기업 전체를 내조한다는 마음으로 하루하루 충실히 살아가고 있다.

Step 5
비서의
좋은 점 vs 힘든 점

좋은 점 : 회사의 전반적인 사정을 알 수 있어요!

　비서로 일하다 보면 회사의 전반적인 사정을 알 수 있습니다. 중요한 일이 어떻게 진행되는지 가까이에서 볼 수 있다는 점이 이 직업의 매력이지요. 또한 임원진을 대할 기회가 많다 보니 중요한 상황에서 결정 내리는 모습 등을 보며 배울 점도 많습니다. 더불어 내가 한 일이 상사의 업무에 반영되어 상사에게 내가 꼭 필요한 사람이라는 느낌을 받을 때는 정말 큰 보람을 느낍니다.

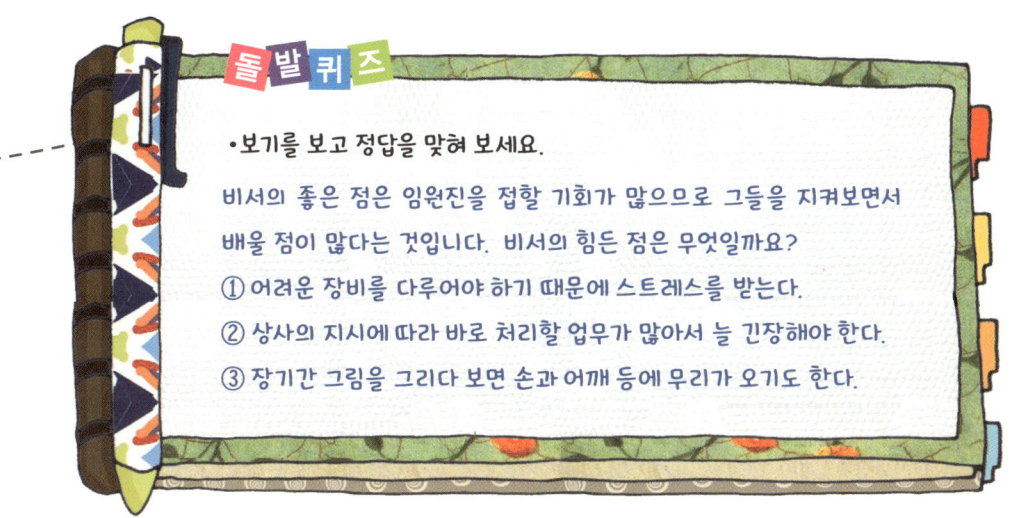

돌발 퀴즈

• 보기를 보고 정답을 맞혀 보세요.

비서의 좋은 점은 임원진을 접할 기회가 많으므로 그들을 지켜보면서 배울 점이 많다는 것입니다. 비서의 힘든 점은 무엇일까요?
① 어려운 장비를 다루어야 하기 때문에 스트레스를 받는다.
② 상사의 지시에 따라 바로 처리할 업무가 많아서 늘 긴장해야 한다.
③ 장기간 그림을 그리다 보면 손과 어깨 등에 무리가 오기도 한다.

힘든 점 : 시간을 다투는 업무가 많아서 항상 긴장해야 해요!

비서는 항상 긴장해야 합니다. 상사가 언제, 어떤 업무를 줄지 예측할 수 없고, 또 그 업무가 대부분 상사의 지시에 따라 바로 처리해야 하는 업무이기 때문입니다. 그러므로 언제나 긴장해야 하고 시간 조절을 잘해야 합니다. 또한 업무의 특성상 상사의 성향에 따라 비서의 업무 내용이나 업무 처리 방식이 달라지므로 상사의 태도나 업무 변화에 민감하게 반응해야 한다는 점이 어렵습니다.

Step 6

비서는 어떤 능력이 필요할까?

꼼꼼함

비서는 굉장히 세심하고 꼼꼼해야 합니다. 작은 부분까지 하나하나 챙겨서 상사의 업무나 일정을 관리해야 하기 때문입니다. 그러므로 상사의 지시에 따라 일정이나 업무를 세심하게 챙길 수 있는 성격이 꼼꼼한 사람에게 어울리는 직업입니다.

소통 능력

비서는 상사를 보좌하는 일뿐만 아니라 상사와 다른 직원들이 소통할 수 있도록 연결하는 업무도 합니다. 그리고 외부 손님과 상사를 연결하는 역할도 하므로 중간에서 의견을 조율하는 능력과 원활한 의사소통 능력이 필요합니다.

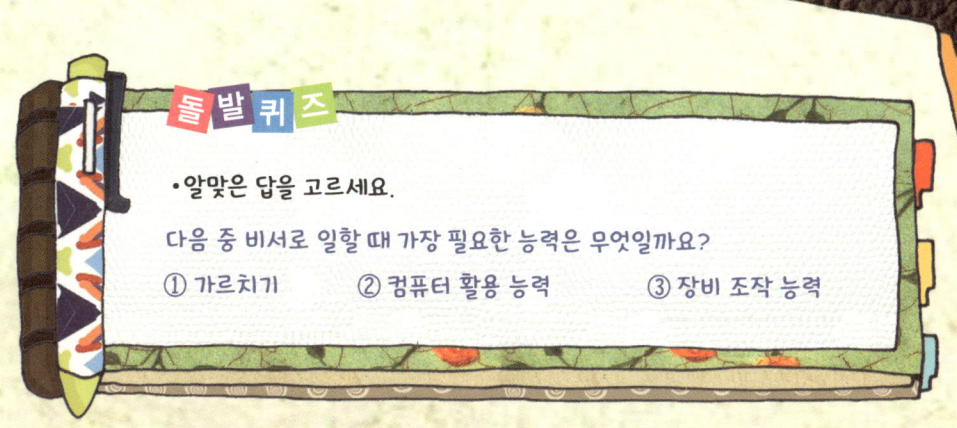

돌발퀴즈

• 알맞은 답을 고르세요.

다음 중 비서로 일할 때 가장 필요한 능력은 무엇일까요?

① 가르치기　　② 컴퓨터 활용 능력　　③ 장비 조작 능력

컴퓨터 활용 능력

여러 자료를 정리하여 상사의 업무를 도와주기 위해서는 컴퓨터를 활용하여 문서를 만들고 처리할 수 있는 능력이 필요합니다.

외국어 실력

오늘날 대부분의 국내 회사가 국제화 시대에 맞춰 외국과 거래를 많이 하기 때문에 외국어 실력이 필수입니다. 외국 출장이나 업무 처리 영역이 넓어지면서 통역과 간단한 외국어 회화 실력이 요구됩니다. 영어를 기본으로 일본어, 중국어 등의 제2 외국어 실력을 갖추면 업무에 큰 도움이 됩니다.

비서가 되기 위한 과정은?

중·고등학교

비서는 중·고등학교 때 국어, 영어, 사회 등의 과목을 열심히 해야 합니다. 고등학교는 비서를 양성하는 특성화 고등학교나 일반 고등학교, 자율 고등학교로 진학하는 것이 좋습니다.

대학교

일반적으로 기업에서 일하는 비서가 되기 위해서는 전문 대학 졸업 이상의 학력이 필요합니다. 전문 대학 및 대학교에서 비서학, 경영학, 경제학, 국제사무학 등을 전공하면 유리합니다. 특히 전문 비서나 외국계 기업에서 일하는 비서는 4년제 대학교 이상의 학력을 요구하기도 하지요.

졸업 후

한국비서협회나 전문 비서 교육 과정이 있는 이화여자대학교 국제회의센터, 그 밖에 사설 양성 기관 등에서 관련 교육을 받고 진출할 수 있습니다.

관련 자격증

비서 자격증

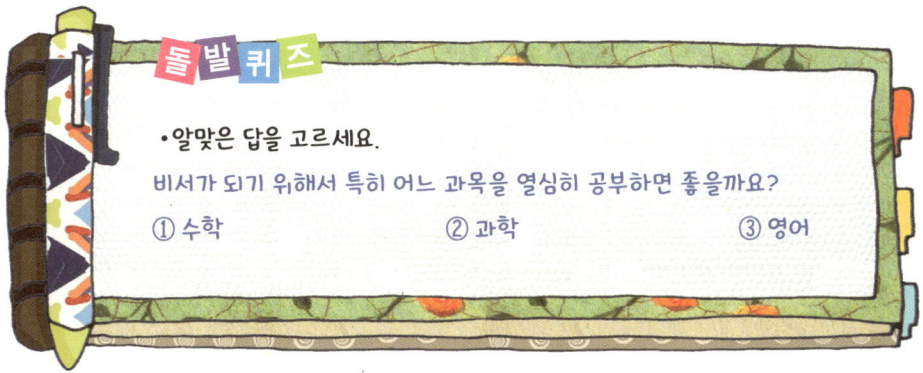

돌발퀴즈

• 알맞은 답을 고르세요.
비서가 되기 위해서 특히 어느 과목을 열심히 공부하면 좋을까요?
① 수학　　　　　② 과학　　　　　③ 영어

직업 사전, 적합도 평가

비서라는 직업이 나와 얼마나 어울릴까?

❖ (   ) 안에 돌발퀴즈의 답을 적어 넣으면 직업 사전이 완성됩니다.

비서	직업 사전	직업 적합도		
		항목	평가	점수
정의	( )는 상사의 옆에 항상 붙어 그들의 모든 일을 확인하고 여러 업무를 지원합니다.	비서라는 직업 자체에 얼마나 흥미가 있나요?	☆☆☆☆☆	/ 5
하는 일	회의 및 행사, 고객 모임 등 상사의 ( )을 체계적으로 관리합니다.	비서가 하는 일에 얼마나 흥미가 있나요?	☆☆☆☆☆	/ 5
장단점	회사의 전반적인 사정을 알 수 있다는 장점이 있습니다. 그러나 상사의 지시를 바로 해결해야 할 일이 많아 항상 ( )해야 합니다.	장점과 단점을 모두 고려했을 때 비서라는 직업에 얼마나 관심이 있나요?	☆☆☆☆☆	/ 5
필요 능력	상사를 보좌하기 위해서는 꼼꼼함, ( ), 소통 능력, 외국어 실력 등이 필요합니다.	비서가 되기 위해 필요한 능력을 얼마나 갖추고 있나요?	☆☆☆☆☆	/ 5
되는 방법	국어, 사회를 비롯해 ( )를 열심히 공부하고 전문 대학 및 대학교에서 비서학, 경영학 등을 전공하면 좋습니다.	비서가 되기 위한 공부를 하는 데 얼마나 관심이 있나요?	☆☆☆☆☆	/ 5

비서 적합도(총점) :   / 25

직업 적합도 평가 방법

❶ 직업 사전의 항목을 꼼꼼히 읽어 보세요.

❷ 직업 적합도 항목을 읽고 해당하는 만큼 별표를 색칠해 주세요.

   0개 : 전혀 없음   1개 : 거의 없음   2개 : 조금 있음

   3개 : 보통   4개 : 많음   5개 : 아주 많음

❸ 별 1개당 1점으로 계산하여 점수를 적어 넣으세요.

❹ 평가 기준(총점)

총점	적합도	목표 직업으로 삼을 경우 고려할 점
21~25	매우 높음	직업 적합도가 매우 높습니다. 이 직업을 목표로 삼고 필요한 능력을 꾸준히 개발하도록 합니다.
16~20	높음	직업 적합도가 높습니다. 적합도 점수가 낮은 부분을 중심으로 보완하도록 합니다.
11~15	보통	직업 적합도가 보통입니다. 꾸준히 관심을 가지고 이 직업에 대해 알아보도록 합니다.
0~10	낮음	직업 적합도가 낮습니다. 해당 직업과 함께 다른 직업의 정보도 함께 알아보도록 합니다.

Step 8

교사와 학부모를 위한 가이드
적성 & 진로 지도

이렇게 지도하세요

비서는 임원진이 신속하고 정확한 업무를 볼 수 있도록 지원해야 합니다. 요즘에는 국내 기업이 해외로 진출하는 일이 늘어나서 비서의 역할이 점점 전문화되고 있습니다. 앞으로도 일반 비서를 고용하기보다는 전문 비서를 고용하는 쪽이 늘어날 것으로 전망됩니다.

비서는 임원진을 가장 가까이에서 도와주기 때문에 회사의 규모가 커질수록 비서가 해야 할 일이 많아지고, 단순한 사무 처리 능력이 아닌 법이나 경제 등 특정 분야의 전문 지식을 가지고 관리자의 업무를 지원해야 합니다.

오늘날에는 비서 경쟁력이 최고 경영자의 경쟁력인 세상이 되었습니다. 외국계 회사가 많이 늘어나고 있으며 대기업의 비서실을 보면 여성 비서뿐 아니라 남성 비서도 많지요. 또한 역량이 있는 비서의 경우 오랫동안 상사를 보좌해 주길 바라기 때문에 앞으로 비서의 전망은 꽤 밝을 것으로 보입니다.

학습 설계(중점 과목)

구분 I	구분 II
국어, 영어, 수학	사회, 과학, 예체능

활동 설계(관련 활동)

동아리	학생회, 경제 연구반, 회화반, 다문화 탐구반
독서	《프로페셔널의 조건》《상도》《좋은 기업을 넘어 위대한 기업으로》《빌게이츠 @생각의 속도》《경제는 나의 힘》《스티브 잡스》《워렌 버핏》
기타	공공시설이나 복지관, 경제 관련 기관 등에서 일손 돕기, 해외 봉사

꼭 알아 두세요

비서는 다른 사람들과 보조를 맞추는 일이 중요합니다. 나 혼자만 똑똑해서 잘할 수 있는 일이 아니기 때문에 남을 배려하는 마음이 필요하지요. 다른 사람들의 삶이 어떤지 관심을 기울이고 남을 배려하는 마음을 지닐 필요가 있습니다. 평소 선생님이나 친구들, 부모님께 어떤 도움을 드리면 좋을지 생각해 보고 이를 실천하는 자세를 갖는다면 도움이 될 것입니다.

교사와 학부모를 위한 가이드
직업 체험 활동

비서 직업 체험 프로그램 참가

방학을 이용하여 교육 기부 프로그램을 실시하는 기관을 통해 비서 직업 체험을 하면 좋습니다. 현장 비서 실무 실습, 국제 비즈니스 매너 등 업무를 체험해 볼 수 있는 기회가 마련되어 있으므로 비서에 관심 있는 학생들의 진로 결정에 도움이 될 것입니다.

사단법인 전통문화원 체험 참가

서울시 종로구 통인동에 위치한 곳으로 전통문화와 민족 문화를 체험할 수 있습니다. 이곳에서는 일일 체험 등 여러 프로그램을 통해 품성 교육과 전통문화 전승 교육을 하고 있습니다. 특히 예절을 배울 수 있는 다양한 체험 프로그램이 준비되어 있으므로 이곳에서 비서가 갖추어야 할 대인 관계의 예절을 기를 수 있을 것입니다.

컴퓨터 사무 처리 공부

비서는 상사의 업무를 지원하기 때문에 컴퓨터를 이용한 사무 처리에 능숙해야 합니다. 워드 프로세서나 엑셀, 파워포인트 등 기본적인 컴퓨터 활용 능력을 공부해 놓으면 좋습니다.

추천 사이트

한국비서협회　http://www.kaap.org/default
한국비서학회　http://www.kass.or.kr/sobis/kass.jsp
이화여자대학교 국제사무학과　http://home.ewha.ac.kr/~ioa

상경 계열

관세사

Step 1

관세사 이야기

해외 여행을 가면 사람들은 보통 여행을 기념하기 위해, 또는 누군가에게 선물하기 위해 물건을 많이 살 때가 있습니다. 그런데 다른 나라에서 물건을 너무 많이 구입하면 우리나라로 들어올 때 '관세'를 내야 한다는 사실을 알고 있나요? 관세란 다른 나라에서 수입한 물품에 붙는 세금을 말해요. 그럼 관세와 관세를 담당하는 '관세사'에 대해 알아볼까요?

관세사 사무소

기업 관계자와 전화 상담을 하고 있는 관세사

관세사의 업무에 대해 교육하는 장면

Step 2

역사 속 직업 이야기

아픈 역사와 더불어 발전한 관세

관세는 140여 년 전인 1876년 조선 시대의 부산항에서 시작되었습니다. 1876년 조선은 일본과 '강화도 조약'을 맺었고, 일본은 이 조약을 통해 무관세 무역을 했어요. 강화도 조약은 일본이 자신들에게만 유리하게 맺은 불평등 조약이었습니다. 조선은 관세의 개념을 전혀 모른 채 일본의 강력한 억압 아래 원하는 대로 해 줄 수밖에 없었어요. 결국 이러한 과정을 통해 일본 상인들은 관세가 적용되지 않은 금액으로 마음대로 값을 조절하면서 물건을 사고팔았습니다. 하지만 점차 무역의 논리에 눈을 뜨게 된 조선 행정 기관에서는 뒤늦게 심각한 상황을 파악했습니다. '관세'가 나라의 경제에 얼마나 중요한 역할을 하는지 깨달은 것이지요. 그러나 이미 무관세 무역 조약을 맺은 상황에서 일본인에게 무턱대고 관세를 요구할 수도 없었습니다. 그래서 조선의 행정 기관에서는 다른 방법을 생각해 냈습니다.

일본 상인들과 물물 교환을 하며 생활하는 조선 사람들에게 대신 세금을 내게 했던 거예요. 그러자 일본에서 물건을 들여오는 일이 점차 줄어들었습니다. 이것이 바로 우리나라 최초의 관세였습니다.

　그렇게 관세라는 개념이 조선에도 자리를 잡을 무렵, 1882년 조선과 미국 사이에 '조미 수호 통상 조약'이 맺어졌습니다. 이때부터 우리나라에서도 물건 가격의 10퍼센트를 관세로 내는 관세 무역이 시작되었습니다. 하지만 조선은 다른 나라와의 무역 경험이 많이 부족했기 때문에 관세 '업무'를 가르쳐 줄 인물이 필요했습니다. 조선은 중국에 관세 업무에 능한 인물을 보내 달라고 요청했고, 이에 중국은 묄렌도르프라는 독일인을 보냈습니다. 1883년 묄렌도르프는 인천에 해관을 개설하여 관세 업무를 시작했고, 우리나라 최초의 관세사가 되었습니다. 해관에서는 관세를 거둘 뿐만 아니라 외국 선박이 항구에 들어올 때 받는 세금을 거두는 등 세관의 여러 가지 업무를 수행했어요. 이때부터 우리나라도 공식적인 기관에서 수출입 업무를 보기 시작했답니다.

　현대에 이르러 우리나라는 세계화 시대에 발맞추어 수출입 규모를 늘리고 무역 사업에 활발히 투자하고 있습니다. 더욱이 우리나라는 삼면이 바다이고, 천연자원이 부족해서 나라의 살림살이를 꾸리는 데 수출과 수입이 무척 중요합니다. 그러므로 무역이 합리적으로 이루어지도록 도와주는 사람, 관세사의 역할 또한 아주 중요하다고 할 수 있겠지요?

세관이란?
비행장이나 항구, 국경 근처에 설치하는 정부 기관입니다. 우리나라를 여행하는 외국인이 지닌 물품, 또는 우리나라와 외국 사이에 서로 오가는 물건을 검사하고 관세를 받는 일을 하지요.

관세사는 어떤 사람일까?

Step 3

무역 출입구의 듬직한 문지기

가구를 만드는 A라는 기업이 있습니다. 이 기업은 가구를 만드는 데 필요한 나무를 필리핀에서 아주 저렴하게 수입할 수 있다는 사실을 알고 많은 양을 들여오려고 합니다. 하지만 수입 과정이 복잡해서 어려움을 겪고 있습니다. 반대로 세계 최초로 새로운 로봇을 개발한 B 기업은 이 로봇을 중국에 수출하려고 계획을 세웠지만 수출 절차가 너무 복잡해서 쩔쩔매고 있습니다. 이때 A, B 기업 모두에 시원한 해결책을 줄 수 있는 사람이 바로 관세사입니다. 관세사는 수입이나 수출을 목적으로 하는 물건을 세관에 신고하고, 수출입을 해도 좋다는 허락을 받을 수 있도록 도와주는 전문가입니다.

수출입을 하면서 관세를 내기까지는 많은 과정을 거쳐야 합니다. 그래서 관세사는 수출입 과정을 진행하며 문제가 생겼을 때 빠르게 해결할 수 있도록 다양한 지식을 갖춰야 합니다. 첫째, 수입하려는 물건이 무엇인지 잘 알아야 합니다. 둘째, 물건의 가격은 얼마인지, 배송 수단은 무엇인지 조사해야 합니다. 셋째, 수출입 물건에 대한 내용을 서류로 작성해 제출하고, 또 그 물건에

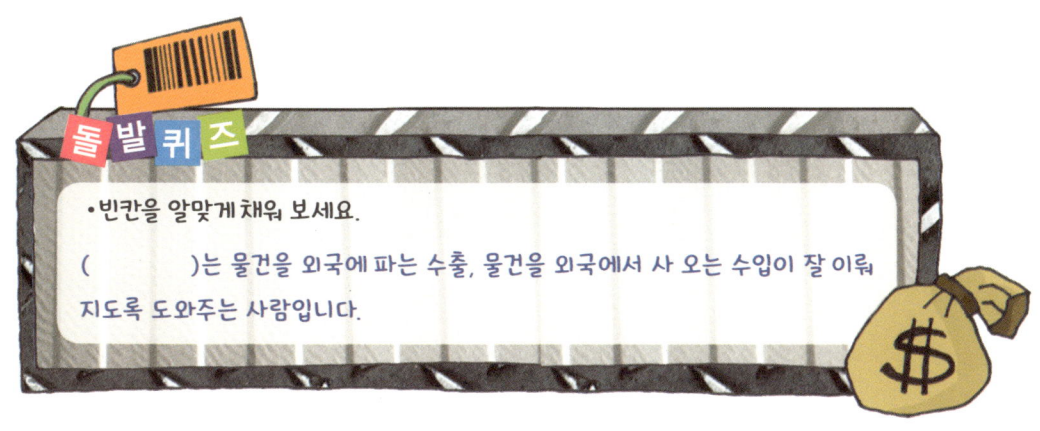

돌발퀴즈

- 빈칸을 알맞게 채워 보세요.

( )는 물건을 외국에 파는 수출, 물건을 외국에서 사 오는 수입이 잘 이뤄지도록 도와주는 사람입니다.

붙는 관세는 얼마인지 정확히 알아야 합니다. 일반인이 이런 어려운 지식을 쌓기란 쉽지 않으므로 관세사가 신속하고 효율적인 업무를 진행할 수 있도록 돕는 것이랍니다.

수출입 절차를 도와주기 위해 서류를 검토하는 관세사

Step 4

관세사는 무슨 일을 할까?

관세사는 공정하고 합리적인 무역이 이루어지도록 기업과 개인을 도와주는 사람입니다. 관세사 덕분에 복잡하고 어려운 통관 절차를 수월하게 통과할 수 있고 관세를 절약할 수도 있지요. 자, 그럼 관세사가 하는 일에 대해 자세히 알아볼까요?

원활한 무역이 이루어지도록 상담하고 도와줘요

관세사는 무역 활동이 좀 더 원활하게 이뤄지도록 기업과 일반인에게 정보를 주고 업무를 도와줍니다. 수출입 관세와 관련된 절차가 워낙 다양하고 복잡하므로 이러한 절차를 문제없이 진행하기 위해 중간에서 해결사 역할을 하지요. 관세사가 상담하고 도와주는 부분은 무척 다양하지만 주 업무는 다음과 같습니다.

물건 수출입에 관한 업무를 설명해 주고, 무역을 통한 거래가 잘 진행되도록 돕습니다. 또 수입된 식품이나 물건을 점검하여 정상적으로 유통할 수 있게 관련 정보를 제공해 줘요. 그 밖에도 경제적 이익을 위해 진행되는 소송을 돕고 그와 관련된 문제를 상담해 줍니다.

전문적인 지식으로 통관 절차를 수월하게 해 줘요

우리나라는 일상생활이나 생산 활동에 이용하는 천연자원인 석유, 석탄, 철, 구리 같은 자원이 부족한 나라입니다. 그러므로 다른 나라에서 천연자원을 수입해 올 수밖에 없지요. 그래서 우리나라는 외국에서 수입한 자원을 이용해 우리나라만의 기술로 새로운 물건을 만들어 다시 해외에 수출하는 과정을 통해 경제를 발전시켰습니다.

그런데 이렇게 수출입을 반복할 때마다 매번 나라에 서류를 제출하고 허락을 받아야 해요. 그 과정을 '통관 절차'라고 합니다. 이 통관 절차가 신속히 이루어지게 하기 위해서는 아주 전문적인 지식이 필요합니다. 우유를 그대로 수입하는 경우와, 우유로 만든 제품을 수입해 오는 경우 통관 절차와 관세가 크게 차이 날 수 있어요. 이는 물건을 사고팔 때 그 쓰임과 형태가 다르기 때문이지

요. 예를 들면 텔레비전을 시청할 수 있는 DMB(디지털 멀티미디어 방송) 휴대 전화에 독일에서 관세를 부과했던 적이 있어요. 휴대 전화는 관세가 붙지 않는 품목입니다. 그런데 독일에서는 텔레비전을 볼 수 있는 기능을 높이 사서 DMB 휴대 전화를 텔레비전 수신기로 분류해 관세를 부과했던 것이지요. 이처럼 같은 휴대 전화라도 왜 서로 다른 물품으로 분류되어 관세에서 차이를 보이는지 꾸준히 연구하면 관세를 많이 절약할 수 있고 통관 절차도 수월해집니다.

새로운 정보를 파악해서 알려 줘요

미국, 칠레 등의 국가와 자유 무역 협정(FTA)을 체결하면서 우리나라는 관련된 통관 절차에 많은 변화가 생겼습니다. 무역하는 사람들은 FTA 체결 내용을 하루빨리 이해하고, 바뀐 제도 안에서 이익을 챙기기 위한 방법을 찾아야 했지요. 이럴 때 우리나라에서 수출 혹은 수입을 하는 기업이 유리한 위치에서 무역할 수 있도록 새로운 정보를 빠르게 제공하고 조언해 주는 역할 또한 관세사의 일입니다. 그래서 관세사는 수시로 변하는 무역 사항들을 재빨리 확인하고 공부해서 개인과 기업에 알려 줘야 합니다.

> **Tip** 자유 무역 협정(FTA)이란?
> 국가 사이에 자유롭게 상품을 사고팔 수 있도록 관세 장벽을 없애거나 완화하는 협정을 말합니다. 자유 무역 협정의 영어 이름인 Free Trade Agreement에서 앞 글자를 하나씩 따서 FTA라고 불러요. 자유 무역 협정을 체결하면 기업들이 세계 시장에 진출할 수 있으며 무역이 활발해진다는 장점이 있지만 우리나라 농업이나 수산 시장 등은 피해를 입는다는 단점도 있습니다.

수입해 온 물건을 옮기는 모습

FTA 체결로 바뀐 수출입 관련 정보를 설명해 주는 모습

55

관세직 공무원과 무역 관계자 사이를 조율해 줘요

관세사는 관세직 공무원과 무역 관계자 사이에서 징검다리 역할을 합니다. 관세직 공무원은 수출입 물품에 대한 관세를 받으며 단속하고, 무역 관계자는 수출입 물품에 대한 관세를 내야 합니다. 관세사는 돈을 받아야 하는 사람과 돈을 내야 하는 사람 사이에서 서로의 의견을 조정해 주며 문제를 해결해 주고, 관세의 비용을 정합니다. 그런데 간혹 이러한 절차를 진행하는 도중에 관세법에 어긋나는 문제가 생기기도 합니다. 이럴 때 관세사는 관세직 공무원과 무역 관계자 중 누가 옳은지를 법률에 따라 결정해 달라고 법원에 요구하여 문제를 해결할 기회를 마련합니다.

무역과 관세와 관련한 교육 강연을 해요

때로 관세사는 기업에서 강의를 합니다. 새로 생긴 기업 혹은 무역 절차나 관세 지식이 부족한 기업에서 관세사에게 수출입 절차에 대해 교육받고 싶다며 강의를 요청하기도 해요. 그러면 관세사는 기본적인 수출입 절차 과정과 새로 바뀐 법 조항 등에 대해 교육과 상담을 해 줍니다. 근래에는 우리나라에서 여러 국가와 FTA를 체결하면서 FTA 설명회를 해 주는 일이 많이 늘어났습니다.

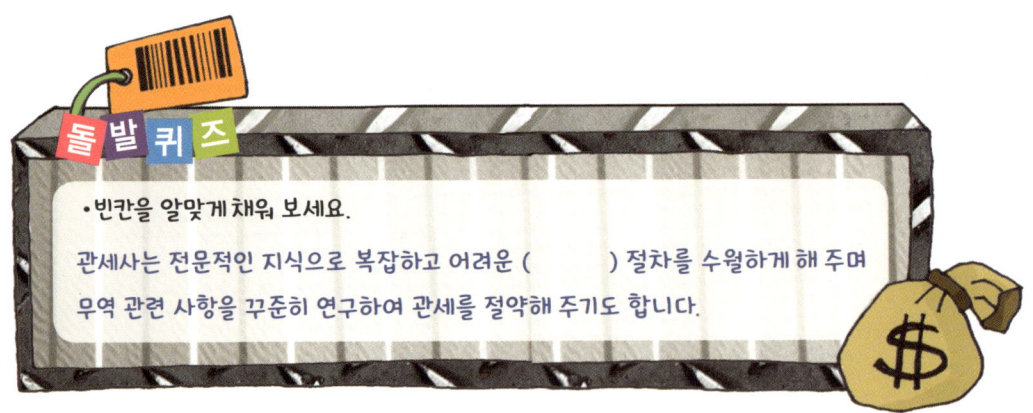

돌발 퀴즈

- 빈칸을 알맞게 채워 보세요.

관세사는 전문적인 지식으로 복잡하고 어려운 (　　　) 절차를 수월하게 해 주며 무역 관련 사항을 꾸준히 연구하여 관세를 절약해 주기도 합니다.

"나라의 경제를 살리기 위한 세금, 관세"

관세 비용에 대해 상담해 주는 관세사

관세를 내는 가장 큰 목적은 바로 우리나라 국민이 외국에서 사 오는 물건의 양을 줄이는 것입니다. 외국에서 들여온 물건이 많아질수록 우리나라에서 힘들게 개발한 물건들이 상대적으로 가치가 떨어지기 때문입니다. 그래서 수입품에 관세를 덧붙여 가격을 올림으로써 우리나라 국민이 외국에서 물건을 많이 사 오지 않도록 한계를 둡니다. 그러면 우리나라의 기업은 수입품과의 가격 경쟁에서 조금 더 보호를 받을 수 있게 되지요.

예를 들어 어떤 기업이 외국에서 아주 값싼 밀가루를 수입해 온다고 생각해 보세요. 외국에서는 아주 값이 싼 밀가루였지만 우리나라로 들어오면 관세가 붙습니다. 그렇게 되면 자연스레 밀가루의 가격이 높아질 수밖에 없지요. 이처럼 외국에서는 아무리 값이 싸더라도 우리나라로 들어오면 관세가 붙어 가격이 높아지므로 그 기업은 많은 양의 밀가루를 수입해 올 수는 없을 것입니다. 그러면 외국 밀가루 산업과 경쟁 관계에 있는 우리나라의 밀가루 산업은 가격 면에서 어느 정도 보호받을 수 있게 됩니다. 이처럼 관세는 우리나라의 상품을 보호하는 무역 정책이랍니다.

직업 일기
관세사의 하루

    오늘은 아침 10시에 거래처와 회의 약속이 있다. 약속 장소 근처에서 간단하게 아침을 먹으며 경제 신문을 훑어보았다. 수출입 관련 기사는 없는지 살펴보다가 해외의 유명 패션 회사가 한국에 본격적으로 진출한다는 기사를 보았다. 최근에 의류를 수출입하는 회사의 업무를 담당해서 이런 기사들이 좀 더 눈에 들어온다.

    아침 10시, 고객 회사의 사무실에서 회의가 시작되었다. 고객 회사가 다음 달부터 본격적으로 식료품을 수입하는데 그에 필요한 서류를 점검하기 위한 자리였다. 이 회사는 작년부터 거래해 오던 터라 사정을 잘 알긴 하지만, 물건을 수입하고 수출하는 과정이 복잡하다 보니 항상 이렇게 꼼꼼히 준비한다. 수입할 물건의 목록을 보며 관세가 얼마나 매겨질지 예상해 보고 관련 서류를 챙긴다. 그래도 이전에 준비한 서류가 있어서 새롭게 준비해야 하는 서류의 목록을 고르는 선에서 회의는 간단하게 끝났다.

    오후에는 관세청에 이의를 제기하는 자료를 준비하느라 정신없이 보냈다. 평소와 달리 세금이 너무 많이 매겨졌다는 거래처의 메일을 받고, 관련 서류

　와 법 조항을 꼼꼼히 검토하다 보니 하루가 다 가 버렸다. 하지만 정식으로 이의를 제기하기 전에 자료를 준비해 두지 않으면, 내가 담당하는 업체가 부당하게 매겨진 세금을 고스란히 낼 수밖에 없으니 일을 소홀히 할 수는 없다.

　간단히 저녁을 먹고 강연을 하려고 ○○대학교로 이동했다. ○○대학교에서는 인근 중소기업의 무역 업무를 담당하는 사람들을 대상으로 교육 과정을 운영하고 있는데 오늘 그곳에서 특강을 부탁받았다. 규모가 작고, 생긴 지 얼마 안 된 중소기업들은 무역 절차나 관세에 대한 지식이 부족해 수출입에서 손해를 보는 경우가 많다. 그래서 이러한 기업들을 대상으로 교육을 진행하도록 나라에서 돈을 지원한다. 수출입은 회사뿐만 아니라 나라에도 굉장히 중요한 일이기 때문이다.

　늦은 시간에도 열심히 강의를 듣는 사람들을 보니 바쁘지만 시간을 내길 잘했다는 생각이 들었다. 비록 퇴근 시간은 더 늦어졌지만 내가 가진 전문 지식을 바탕으로 사람들에게 도움을 줄 수 있어서 난 내 일이 참 좋다.

Step 5

관세사의
좋은 점 vs 힘든 점

좋은 점 : 한 분야만 꾸준히 연구해서 진출하는 전문직이에요!

의사나 변호사 같은 전문직처럼 한 분야만 계속 연구하고 노력하면 그 성과에 따라 전문가로 인정받을 수 있습니다. 또한 일정 기간 이상 업무를 훈련하는 기간을 거치면 조직의 지도자나 경영자와 같은 높은 자리에 오르기도 해요. 현재 관세사 사이에 경쟁이 점차 치열해지고 있지만, 거래하는 업체가 어느 정도 정해져 있거나 신규 고객이 늘어나면 안정적으로 업무를 맡을 수 있습니다.

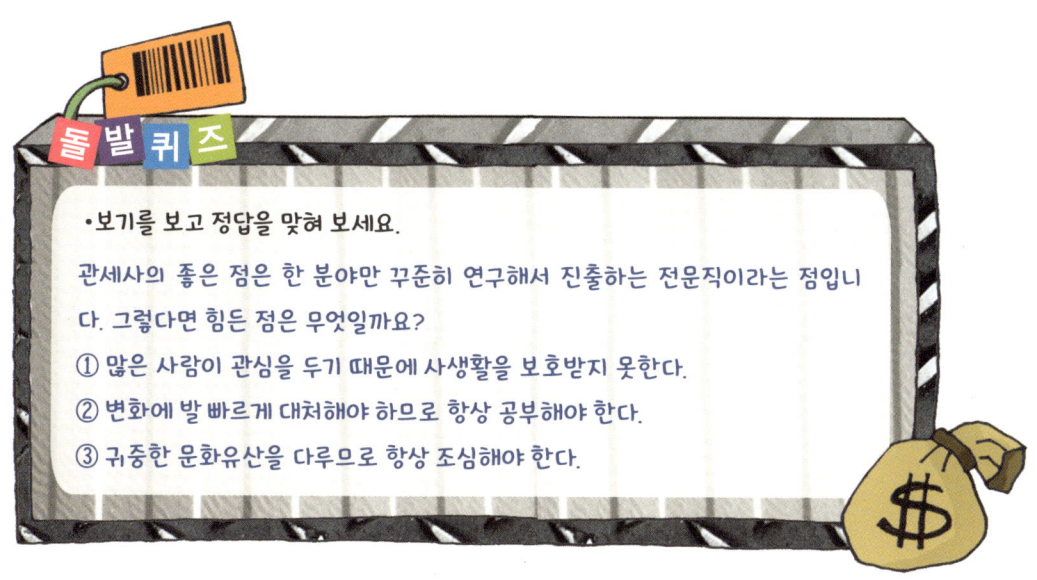

- 보기를 보고 정답을 맞혀 보세요.

관세사의 좋은 점은 한 분야만 꾸준히 연구해서 진출하는 전문직이라는 점입니다. 그렇다면 힘든 점은 무엇일까요?
① 많은 사람이 관심을 두기 때문에 사생활을 보호받지 못한다.
② 변화에 발 빠르게 대처해야 하므로 항상 공부해야 한다.
③ 귀중한 문화유산을 다루므로 항상 조심해야 한다.

힘든 점 : 변화에 발 빠르게 대처하기 위해 항상 공부해야 해요!

　수출입 법률은 매우 복잡하므로 각 나라와 물품에 해당하는 수출입 관련 법률에 대해 누구보다 정확하게 파악해야 합니다. 자신이 어떻게 일을 처리하느냐에 따라서 담당 고객이나 업체에서 관세를 많이 낼 수도 있고 절약할 수도 있습니다. 따라서 빠른 판단력과 함께 무역 시장이 어떻게 돌아갈지 예상할 수 있는 눈도 필요해요. 이러한 상황에 대처하기 위해서 관세사는 늘 공부하고 연구해야 합니다. 경제 무역에 관련된 법이 다양하고 빠르게 변화하는 만큼 끊임없이 공부해야만 업무를 정확하게 처리할 수 있습니다.

Step 6

관세사는 어떤 능력이 필요할까?

순발력

수출입할 때는 물건이 신속하게 이동하도록 하는 것이 중요합니다. 이동이 늦어질수록 창고 보관료가 올라가거나, 수출입 물건을 가지고 새로운 물건을 만들어 내는 일정이 늦춰지는 등 경제적인 손해가 발생하므로 문제가 생겼을 경우 정확하면서도 신속하게 업무를 진행하는 순발력이 필요합니다.

논리적인 분석력 및 협상 능력

관세사는 관세를 담당하는 기관과 고객 사이의 의견을 조율해야 하며, 양쪽을 설득할 수 있어야 합니다. 그러므로 상황을 정확하게 분석한 뒤 논리적인 말이나 글로 매끄럽게 조율하는 협상 능력이 필요합니다.

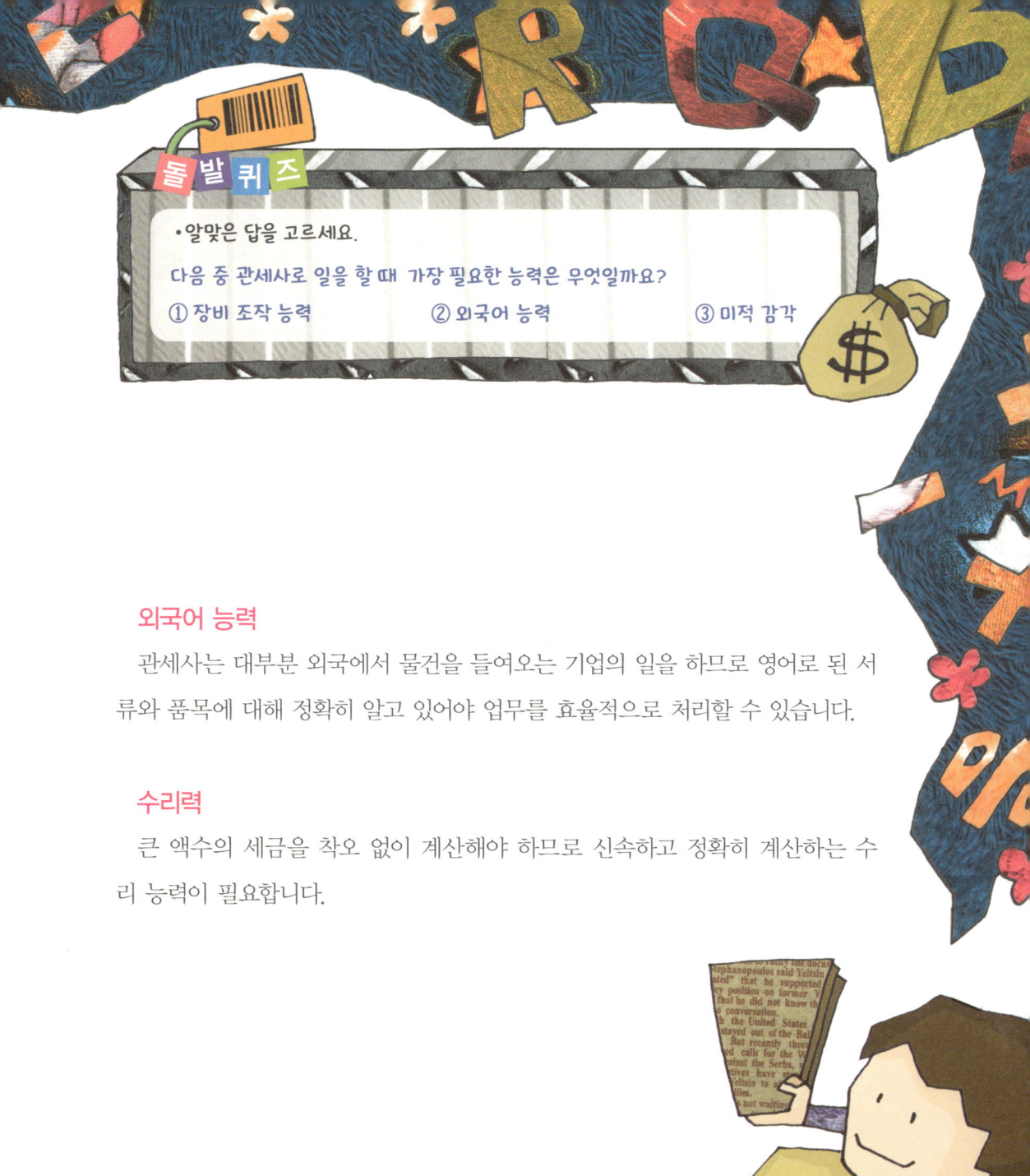

외국어 능력

관세사는 대부분 외국에서 물건을 들여오는 기업의 일을 하므로 영어로 된 서류와 품목에 대해 정확히 알고 있어야 업무를 효율적으로 처리할 수 있습니다.

수리력

큰 액수의 세금을 착오 없이 계산해야 하므로 신속하고 정확히 계산하는 수리 능력이 필요합니다.

Step 7 관세사가 되기 위한 과정은?

중·고등학교

외국어와 사회(경제, 무역) 공부를 하는 것이 도움이 되므로 일반, 자율, 외국어 고등학교로 진학하는 게 좋습니다. 또한 외국어와 세무, 무역 관련 공부를 할 수 있는 특성화 고등학교로 진학하는 것도 좋습니다.

대학교

회계와 세무, 무역 공부를 할 수 있는 경영학, 경제학, 국제통상(무역)학, 회계(세무)학 등을 전공하면 도움이 됩니다. 법학 지식을 쌓으면 관세사 시험공부에 도움이 되며, 대학교 재학 중 다양한 외국어 능력을 기르는 것도 좋습니다.

졸업 후

자격시험에 합격하여 수습 기간을 거친 후 법률 사무소나 관세청 관련 기관에서 일할 수 있습니다. 경력이 쌓이면 개인 사무소를 열 수도 있어요.

관련 자격증

관세사 자격증, 물류 관리사 자격증, 국제 무역사 자격증

돌발퀴즈
- 알맞은 답을 고르세요.
관세사가 되기 위해서 특히 어느 과목을 열심히 공부하면 좋을까요?
① 사회　　　　② 과학　　　　③ 음악

직업 사전, 적합도 평가

관세사라는 직업이 나와 얼마나 어울릴까?

❖ ( ) 안에 돌발퀴즈의 답을 적어 넣으면 직업 사전이 완성됩니다.

관세사	직업 사전	직업 적합도		
		항목	평가	점수
정의	(　　　)는 수출과 수입이 잘 이루어질 수 있도록 도와주는 사람입니다.	관세사라는 직업 자체에 얼마나 흥미가 있나요?	☆☆☆☆☆	/ 5
하는 일	수출입을 반복할 때마다 매번 나라에 서류를 제출하고 허락받아야 합니다. 이 과정을 (　　) 절차라고 하는데 관세사는 이 과정을 수월하게 해 주기 위해 전문적인 지식을 갖추고 꾸준히 연구해야 합니다.	관세사가 하는 일에 얼마나 흥미가 있나요?	☆☆☆☆☆	/ 5
장단점	한 분야만 연구해서 진출하는 전문직이라는 장점이 있습니다. 하지만 신속히 변화하는 수출입 (　　　)에 재빠르게 대처해야 하므로 항상 공부해야 한다는 점이 어렵습니다.	장점과 단점을 모두 고려했을 때 관세사라는 직업에 얼마나 관심이 있나요?	☆☆☆☆☆	/ 5
필요 능력	수출입 절차가 신속하고 정확하게 이뤄지도록 순발력, 논리적인 분석력 및 협상 능력, (　　　　), 수리력 등이 필요합니다.	관세사가 되기 위해 필요한 능력을 얼마나 갖추고 있나요?	☆☆☆☆☆	/ 5
되는 방법	외국어와 (　　　) 과목 공부가 도움이 됩니다. 대학교에서는 회계와 세무, 무역 관련 학과를 공부하면 관세사가 되는 데 도움이 됩니다.	관세사가 되기 위한 공부를 하는 데 얼마나 관심이 있나요?	☆☆☆☆☆	/ 5

관세사 적합도(총점) :　　 / 25

직업 적합도 평가 방법

❶ 직업 사전의 항목을 꼼꼼히 읽어 보세요.

❷ 직업 적합도 항목을 읽고 해당하는 만큼 별표를 색칠해 주세요.

　　0개 : 전혀 없음　　　1개 : 거의 없음　　　2개 : 조금 있음

　　3개 : 보통　　　　　4개 : 많음　　　　　5개 : 아주 많음

❸ 별 1개당 1점으로 계산하여 점수를 적어 넣으세요.

❹ 평가 기준(총점)

총점	적합도	목표 직업으로 삼을 경우 고려할 점
21~25	매우 높음	직업 적합도가 매우 높습니다. 이 직업을 목표로 삼고 필요한 능력을 꾸준히 개발하도록 합니다.
16~20	높음	직업 적합도가 높습니다. 적합도 점수가 낮은 부분을 중심으로 보완하도록 합니다.
11~15	보통	직업 적합도가 보통입니다. 꾸준히 관심을 가지고 이 직업에 대해 알아보도록 합니다
0~10	낮음	직업 적합도가 낮습니다. 해당 직업과 함께 다른 직업의 정보도 함께 알아보도록 합니다.

Step 8

교사와 학부모를 위한 가이드
적성 & 진로 지도

이렇게 지도하세요

　관세사는 관세와 관련된 세금을 줄이는 등 수출입 통관의 업무를 대행해 주는 사람으로, 주로 무역 업무나 그와 관련된 서비스를 제공하지요. 이처럼 기업이 더 높은 이익을 취할 수 있도록 도와주려면 각종 법률 회계, 세무 문제와 관련해 변호사, 회계사, 법무사와 함께 일하는 것도 무척 중요합니다.

　수출입과 관련된 문제를 도맡아 해결해 주는 관세사가 되려면 관세사 시험에 합격하여 자격증을 취득해야 합니다. 관세사 1차 시험에서는 관세사가 기업에 대해 좀 더 전문적인 지식을 갖추고 상담해 줄 수 있도록 행정법이 빠지고 회계학이 추가되었으므로 수학을 연구하고 좋아하는 마음도 있어야 합니다. 그 밖에 나라의 세금에 관한 업무를 하는 일이니만큼 정직성과 도덕성을 갖추는 것도 중요합니다.

학습 설계(중점 과목)	
구분I	구분II
국어, 영어, 수학	사회, 과학, 예체능

활동 설계(관련 활동)	
동 아 리	경제 토론반, 모의 투자 동아리
독 서	《상도》《경제는 나의 힘》
기 타	경제 관련 기관 일손 돕기

꼭 알아 두세요

　인터넷의 발달로 통관 업무가 조금 간편해져서 기존 수출입 통관 업무는 점점 줄어들 것으로 보입니다. 하지만 FTA 협정을 맺은 나라 사이에 관세가 없어지거나 줄어드는 법이 적용되면서 무역 절차는 오히려 복잡해졌습니다. 또한 각 국가마다 약속한 내용이나 범위가 다르고 원산지 증명서 발급 및 확인 등의 새로운 업무가 생기면서 관세사의 역할은 더욱 커질 것입니다.

　관세사 자격증을 딴 후 보통은 관세 법률 사무소에 취직하지만, 외국과 거래하는 대기업 진출도 눈에 띄게 늘어났습니다. 기업마다 외국 기업과의 수출입 업무가 많아지면서 전문적인 지식을 지닌 관세사가 필요해졌기 때문입니다.

교사와 학부모를 위한 가이드
직업 체험 활동

인천 국제공항 견학

인천 국제공항에서는 매일 오전 10시, 오후 3시에 약 한 시간 동안 공항을 견학하는 무료 프로그램을 운영하고 있습니다. 미리 신청을 하면 인천 국제공항의 역사, 보안 검색 과정, 세금을 면제해 주는 구역, 항공기가 세워진 곳 등을 견학할 수 있습니다.

세관 견학

관세청에서도 세관 견학 프로그램을 실시하고 있습니다. 서울 세관은 5세 이상, 인천 세관은 고등학생 이상부터 견학 신청이 가능합니다. 각 지역 세관에 따라 견학 신청 조건이 다르니 홈페이지에서 꼭 확인하세요. 세관 견학 프로그램에 참가하면 관세청 홍보 영상을 보고 관세사의 업무 내용을 알아보며 세관에 따라 밀수품 전시장 혹은 관세 박물관 등을 관람합니다.

관세 박물관 견학

　관세 박물관에서는 무역과 관세에 관한 1500여 점의 유물과 사료를 전시하여 근대적인 무역이 시작된 뒤부터 현재에 이르기까지 관세의 역사를 한눈에 알아볼 수 있습니다. 이와 비슷한 박물관으로는 부산항과 관련된 세관 유물과 사료를 전시 중인 부산 세관 박물관이 있습니다.

추천 사이트

관세청　　http://www.customs.go.kr
한국관세사회　http://www.kcba.or.kr
한국무역협회　http://www.kita.net
외교부 홈페이지　http://www.mofat.go.kr
서울본부세관　http://www.customs.go.kr/seoul
부산본부세관　http://www.customs.go.kr/busan

비서

23쪽_ 비서 26쪽_ 일정
33쪽_ ❷번 35쪽_ ❷번
37쪽_ ❸번
40쪽(직업 사전)_ 비서, 일정, 긴장, 컴퓨터 활용 능력, 영어

관세사

51쪽_ 관세사 56쪽_ 통관
61쪽_ ❷번 63쪽_ ❷번
65쪽_ ❶번
66쪽(직업 사전)_ 관세사, 통관, 법률, 외국어 능력, 사회

사진 자료

연합뉴스 19p(대통령에게 업무를 지시받는 비서진)

포커스 신문 19p(상사에게 차를 내어 주는 비서), 29p(상사의 업무를 보좌하는 일반 비서)

비서 윤정인 27p(상사의 의사소통 창구 역할을 하는 비서), 27p(손님을 회의 장소로 친절하게 안내하는 비서)

신정환 관세사 사무소 47p(관세사 사무소), 51p(수출입 절차를 도와주기 위해 서류를 검토하는 관세사)

세정신문 47p(기업 관계자와 전화 상담을 하고 있는 관세사), 47p(관세사의 업무에 대해 교육하는 장면)

플리커(Port of San Diego) 55p(수입해 온 물건을 옮기는 모습)

KOTRA 55p(FTA 체결로 바뀐 수출입 관련 정보를 설명해 주는 모습)

정책공감 블로그(http://blog.naver.com/hellopolicy) 57p(관세 비용에 대해 상담해 주는 관세사)